COMITÉ IMPÉRIALISTE DE LYON

Banquet du Pré-aux-Clercs, le 15 août 1883

AU PRINCE NAPOLÉON !

TOAST

PORTÉ PAR

M. A. PONET

Directeur de la *Comédie politique*

Prix : 10 centimes

LYON

BUREAUX DE LA *COMÉDIE POLITIQUE*

60, Rue de l'Hôtel-de-Ville, 60

—

1883

Messieurs, je vous propose de porter la santé de Son Altesse Monseigneur le Prince Napoléon (*Applaudissements unanimes*. Vive l'Empereur!!), de Son Altesse Monseigneur le Prince Victor et de Son Altesse Monseigneur le Prince Louis. (*Applaudissements prolongés.*)

C'est absolument avec intention, Messieurs, que j'ai placé dans cet ordre les noms des trois Princes auxquels s'adresse le toast que je vous propose.

C'est l'ordre indiqué, d'une part par le principe de l'hérédité napoléonienne, d'autre part par les plébiscites, par celui notamment du 8 mai 1870, qu'aucun vote populaire n'est encore venu infirmer et qui, par conséquent, est toujours debout. (*Applaudissements.* Vive l'appel au peuple!)

En vertu de ces deux principes, l'héritier du Prince Impérial, c'est le Prince Napoléon d'abord, ses fils ensuite, et il n'appartient à personne de changer ce qu'a fixé Napoléon 1er lui-même, le glorieux chef de la dynastie, et ce qu'a consacré, depuis, le vote libre et souverain de 8 millions de Français. (*Vifs applaudissements*. Vive l'Empereur!)

Permettez-moi, du reste, de vous le dire, quand je prononce ce nom du Prince Napoléon, c'est avec l'expression d'un respect sans mélange et sans aucune des restrictions ou des atténuations devenues de mode chez quelques-uns de nos amis dont je regrette l'égarement, égarement qui, je l'espère, ne sera que passager. (*Approbation*.)

Le Prince Napoléon est depuis de longues années abominablement calomnié. (Oui ! oui !)

Il s'est formé contre lui une légende de haine féroce.

Cette légende, je la méprise, parce qu'elle est en même temps odieuse et mensongère.

Je sais où elle a pris naissance, la légende, et j'en connais les auteurs... Elle a été échafaudée par nos adversaires politiques, légitimistes, républicains, orléanistes, orléanistes surtout (Oui ! Oui ! A bas les Orléans !), et elle date de 1850.

C'était l'époque où l'on discutait, à l'Assemblée législative, la fameuse loi du 31 mai, cette loi qui mutilait le suffrage universel et qui rayait des listes électorales 4 millions de citoyens français... Un homme que nous avons appris à connaître, M. Thiers, s'étant avisé de flétrir les exclus du nom de *vile multitude* (Vive le peuple!), le Prince Napoléon, alors député, escalada les degrés de la tribune et, au milieu d'un flot d'imprécations que dominait sa voix stridente, il s'écria que cette « vile multitude » avait prodigué son sang pour la liberté d'abord, pour la gloire ensuite, et que même après Waterloo, frémissante d'indignation à l'aspect des défaillances de l'époque, elle eût encore sauvé la France des hontes de la seconde invasion si les chefs de la bourgeoisie le lui eussent permis. (*Tonnerre d'applaudissements.*)

Cette patriotique apostrophe du Prince lui valut, de la part des gens qui n'avaient rien appris ni rien oublié, de glorieuses injures.

Voilà l'origine de la légende de calomnies contre le Prince Napoléon. Jusqu'alors il n'avait eu que des adversaires. A dater de ce jour il eut des ennemis acharnés. Il les a encore, et ce sont ces ennemis acharnés qui sont les auteurs de la légende, à laquelle on a ajouté, depuis, de nombreux chapitres.

Eh bien! que vaut-elle leur légende?

Je ne viens pas ici, Messieurs, défendre le Prince Napoléon... Il n'en a pas besoin (Non!... Non!...), et il a montré lui-même jusqu'à ce jour un trop souverain mépris des calomnies odieuses dont on l'a abreuvé pour qu'un de ses plus obscurs adhérents comme moi ose s'aviser de réfuter des mensonges que le Prince a toujours si superbement dédaignés. (Il a eu raison! Vive l'Empereur! Vive l'Empereur!)

Mais, si je ne viens pas défendre le Prince Napoléon, je veux, du moins, vous montrer l'indignité de ses calomniateurs. (Bravo! bravo! On les connaît!)

Abordons donc quelques chapitres de la légende.

Le chapitre 1er, c'est l'histoire de la campagne de Crimée. Au dire de MM. les orléanistes, le Prince Napoléon, en 1854, serait devenu malade en Crimée, et malade de peur! (Ce n'est pas vrai! Vive le Prince Napoléon!) Au contraire, Messieurs, c'est vrai, et je vais vous faire ici l'historique succinct des terreurs du Prince. (*Rires.*)

C'est ce peureux qui s'appelle le Prince Napoléon qui, le matin de la bataille de l'Alma, alla gourmander les colonnes anglaises, en retard sur la marche en avant de l'armée alliée par suite d'une fausse interprétation des ordres du général en chef.

C'est ensuite le Prince Napoléon qui, revenu à la tête de sa troisième division, traversa, par peur (*Rires*), la rivière de l'Alma sous une grêle de mitraille, s'empara, au milieu d'une canonnade effroyable et toujours sous le coup de la peur, du village de Bourliouk, clef de la position, et, après avoir reçu sur le champ de bataille conquis les félicitations du général en chef maréchal Saint-Arnaud, un homme très compétent en matière de peur, se rabattit sur la droite de l'armée russe, sous les coups de laquelle pliaient les divisions anglaises, et acheva ainsi la victoire, fruit légitime de la plus belle peur qu'un homme ait jamais eue. (*Rires et applaudissements.*)

Ce n'est pas tout, Messieurs. Le Prince Napoléon eut peur, en Crimée, dans d'autres circonstances encore. (*Rires.*)

C'est lui qui, à la tête de sa troisième division, contribua, toujours par peur, à la victoire d'Inkermann, et c'est encore ce Prince pusillanime qui réclamait l'honneur de conduire les colonnes d'attaque au siège de Sébastopol. (Vive le Prince Napoléon !)

Voilà l'histoire résumée des terreurs du Prince Napoléon en Crimée. (Vive le Prince Napoléon ! Vive Napoléon V !)

Quand on assiste à ce spectacle de couardise dans des affaires aussi peu chaudes que celles de l'Alma, d'Inkermann et de Sébastopol, on se demande avec curiosité à quelles chairs de poule le Prince Napoléon eût été en proie si, à la grande bataille de Trianon, par exemple, il eût été obligé de commander le Conseil de guerre jugeant un maréchal de France. (*Bruyants éclats de rire.* A bas d'Aumale !)

Et ce n'est pas encore tout : le Prince Napoléon est, décidément, l'homme de toutes les lâchetés... Figurez-vous qu'un jour, en 1856, il s'enfuit de Paris, s'embarqua sur son yacht avec quelques amis et ne s'arrêta que dans les parages du pôle nord, au delà des lignes qu'avait abordées les plus célèbres navigateurs.

Faut-il une solide peur pour vous inspirer de telles fugues! (*Eclats de rire.* Vive le Prince Napoléon!)

Un détail curieux, Messieurs, c'est l'art merveilleux avec lequel le Prince Napoléon, à un moment donné, parvient à dissimuler la peur qui s'empare de tout son être. Ainsi, un jour que je demandais à M. le marquis de Saulcy, sénateur de l'Empire, qui avait accompagné le Prince dans sa *fuite* au pôle nord, des détails sur la lâcheté dudit Prince, M. le marquis de Saulcy me répondit : « J'ai eu l'honneur d'être un des passagers sur le yacht du Prince Napoléon allant en expédition au pôle nord. Je suis resté onze mois face à face avec lui, isolé sur une coquille de noix au milieu de l'immensité... Nous avons subi ouragans et tempêtes... Nous avons dû plus d'une fois nous tailler une route à travers les glaces... Nous sommes allés où personne n'était allé avant nous... A certains moments, nous, les compagnons du Prince, nous avons tous tremblé, non de froid, mais de peur... Lui, le Prince Napoléon, je ne l'ai jamais vu sourciller!... » Voilà ce que me disait M. le marquis de Saulcy. (Vive le Prince Napoléon!)

Quel hypocrite, n'est-ce pas, que ce Prince Napoléon, qui cache ainsi, quand il veut, la terreur qui le domine! (*Rires*.)

Mais, heureusement, rien n'échappe à la perspicacité de ceux qui ont su découvrir un grand stratégiste et un homme de guerre immense dans le président du Conseil de guerre de Trianon (Ah! Ah! *Rires*), et pour ceux-là le calme simulé du Prince Napoléon au milieu du danger a été vite percé à jour. (*Rires bruyants et applaudissements*.)

Et voilà comment on connaît l'histoire de toutes les peurs du Prince Napoléon.

Voilà pour le chapitre 1ᵉʳ de la légende. (*Applaudissements*. Vive le Prince Napoléon!)

Abordons le chapitre II.

D'après ce chapitre-là, le Prince Napoléon est un athée, un impie, un ennemi de la religion catholique.

Et ce n'est pas d'aujourd'hui qu'il est tout cela. Il était déjà ainsi en 1859. Nommé à cette époque, en effet, au gouvernement de notre grande colonie africaine, il jeta aussitôt le désarroi dans toute l'Eglise d'Alger.

Quand on apprit là-bas sa nomination au poste de gouverneur, tous les chrétiens d'Algérie tremblèrent et comprirent qu'ils étaient perdus. On voyait revenir l'époque des persécutions. Le Prince

Napoléon était une sorte de Dioclétien qui arrivait, avec des lions dressés en liberté, dans le but de livrer aux bêtes toute l'Algérie chrétienne. (*Rires*.)

Le Prince justifia, hélas ! ces tristes prévisions.

Il y eut sous son gouvernement au moins deux persécutions :

La première se traduisit par l'augmentation du budget diocésain, augmentation qu'on avait demandée en vain les années précédentes.

La deuxième persécution est racontée dans les termes suivants par Monseigneur Pavy, évêque d'Alger, un des martyrs du Dioclétien de 1859 : « *Dimanche j'ai vu afficher sur les murs d'Alger l'adjudication simultanée de sept églises rurales, dans la seule province d'Alger. C'est un joli début !* »

Puis il y a dans ce même chapitre II l'histoire de la fameuse lettre de 1879, celle écrite à l'occasion des décrets.

Je la revois d'ici, cette lettre... Ce n'était d'abord qu'un incident, qu'un petit ballon en baudruche... Mais, sous le souffle des journaux légitimistes et orléanistes, cela ne tarda pas à s'enfler, à s'enfler, jusqu'à devenir un monstre, un monument grandiose d'irréligion et d'impiété... (Naturellement !).

Messieurs, j'en ai un morceau à votre service, de ce monument... (*Rires*.) Le voici. Admirez-le :

« Deux espèces d'agresseurs, dit le Prince Na-
« poléon dans sa lettre, menacent cette charte de

« pacification qui s'appelle le Concordat : les
« sectaires de la théocratie, qui rêvent le retour à
« une religion d'Etat oppressive et intolérante ;
« *les sectaires du désordre, qui poursuivent l'orga-*
« *nisation d'une société sans dieu et sans loi mo-*
« *rale.*

« *J'ai toujours été et je ne cesserai d'être l'ad-*
« *versaire de ces deux prétentions extrêmes.* Lors-
« qu'on réclamera la suppression du budget
« des cultes et la fermeture des églises, JE
« M'Y OPPOSERAI. » *(Applaudissements prolongés.)*

Quel monument d'impiété et d'irréligion, n'est-ce pas, Messieurs ! (*Rires.*) Le Prince Napoléon ne veut pas le retour aux anciens privilèges du clergé, le retour à la dîme, par exemple... Il s'en tient à l'observation du Concordat. (Nous aussi !...)

Tenez, Messieurs, ne rions plus... Quand je songe combien nous sommes loin aujourd'hui de l'observation du Concordat, quand je le vois réduit en pièces par nos gouvernants actuels, je me dis que ceux des membres du clergé qui continuent à tenir rigueur à un Prince qui réclame, qui personnifie en quelque sorte la rigoureuse application de ce contrat loyal sont, ou bien aveugles, ou bien dupes de leurs intérêts... Car le jour où on lui rendrait le Concordat de Napoléon Ier et du Prince Napoléon, ce serait un grand bienfait et un grand soulagement pour cette Eglise de

France si incontestablement persécutée aujourd'hui. (Oui, oui! Bravo, bravo!)

Passons au chapitre III.....

Un des convives. — M. Ponet ne pourrait-il nous conter l'histoire des dîners du Vendredi-Saint?

M. Ponet. — Ah! c'est vrai, Messieurs. J'oubliais cela... Je me hâte de réparer, si vous croyez que cela en vaille la peine.

Donc le Prince Napoléon serait un mangeur de saucisson du Vendredi-Saint... Quand je dis « de saucisson, » est-ce bien du saucisson que le Prince Napoléon aurait mangé? J'hésite, vous le comprenez, quand je me rappelle que, depuis, l'accusation a été réduite à cette formule romantique : « *Il a jeté des os de poulet sur le Golgotha!* » Si c'est du poulet, ce n'est pas du saucisson... Si c'est du saucisson, ce n'est pas du poulet... (*Éclats de rire.*) Qu'est-ce donc?... Il paraît que les historiens sont divisés sur ce point... Cela prouve que, si tant est que le Prince Napoléon, invité à dîner, un Vendredi-Saint, par le sénateur Sainte-Beuve, ait réellement fait gras à ce dîner, il n'a pas en tous cas fait publier le menu officiel du dîner à lui offert, que ce dîner, par conséquent, n'était pas un banquet public et que, n'étant pas un banquet public, il n'y avait nulle intention de sa part ni de la part de son amphitryon d'insulter aux croyances religieuses de n'importe qui... Le Prince Napoléon a-t-il réellement fait gras, un Vendredi-Saint, chez le sénateur Sainte-Beuve? — Il paraît qu'il ne s'en souvient pas exactement lui-même. Mais, eût-il fait gras, c'était un gras absolument à huis-clos, un gras qui n'avait rien d'agressif pour ceux qui faisaient maigre. C'était un acte de la vie privée... Cela ne nous regarde pas... Si le Prince Napoléon a commis un péché, c'est affaire entre son confesseur, sa conscience et lui... Mais nous n'avons pas à nous en occuper... Que celui d'entre nous, du reste, qui n'a jamais fait gras le vendredi lui jette la première pierre !... (*Rires et applaudissements.*)

De quoi se mêlent donc ceux qui viennent ainsi regarder par les trous des serrures pour voir ce qu'on sert sur les tables ?.. Sommes-nous encore au temps des guerres de religions, où certains catholiques intolérants allaient, le mousquet au poing, voir ce qui cuisait, le vendredi, dans la marmite des huguenots? (*Rires bruyants.*)

Cette mauvaise chicane faite au Prince Napoléon ne valait même pas la peine qu'on s'y arrête, et je regrette les trois minutes que je viens de perdre avec vous à en faire justice. (*Applaudissements répétés.*)

J'aborde donc le chapitre III de la légende.

Le Prince Napoléon aurait, durant toute la durée du pouvoir de l'Empereur Napoléon III, fait une opposition sourde ou avouée à son cousin. (Ce n'est pas vrai !)

Je suis vraiment touché, Messieurs, de la sollicitude des légitimistes, orléanistes et républicains pour le gouvernement de notre Empereur défunt. Mais, alors même qu'elle aurait sa raison d'être, cette sollicitude me serait suspecte.

Or elle n'a même pas sa raison d'être.

Je ne sais où nos adversaires politiques ont pris le fondement de cette légende-là. Pour moi, j'ai cherché, j'ai fouillé, j'ai compulsé, et j'ai trouvé juste le contraire de ce que disent les défenseurs bénévoles de Napoléon III contre le Prince Napoléon. (Bravo!)

Si je faisais ici une conférence, Messieurs, il me serait facile de vous démontrer documents en mains que l'Empereur a toujours trouvé dans le Prince Napoléon un collaborateur zélé dans la prospérité, un ami dévoué dans le malheur. Je ne porte qu'un toast. Je bornerai donc ma protestation sur ce point à un simple fait.

En 1848, au lendemain de la révolution de Février, le parti impérialiste en France était divisé en deux fractions distinctes : celle qui voulait faire l'Empereur du Prince Louis-Napoléon, fils de Louis, et celle qui voulait donner la couronne au Prince Napoléon, fils de Jérôme, lequel rappelait si bien par les traits de son visage le galbe du premier Napoléon. (*Salve d'applaudissements.*)

Des propositions furent faites dans ce sens au Prince Napoléon, qui les repoussa noblement au nom du principe d'hérédité dynastique, de ce principe dont les bonapartistes orthodoxes revendiquent aujourd'hui à juste titre le bénéfice pour lui.

Et il fit plus que de s'effacer devant son cousin, le Prince Napoléon : il se fit, à la tribune de l'Assemblée, son défenseur aussi ardent qu'éloquent chaque fois qu'on se permit de l'y attaquer. (C'est vrai !)

Et il en fut toujours ainsi, Messieurs, car c'est du Prince Napoléon qu'est cette ferme et franche déclaration à la tribune du Sénat : « Les Napoléons n'ont et n'auront pas de d'Orléans (c'est-à-dire de traîtres) dans leur famille ! » *(Salve d'applaudissements.)*

Occupons nous du chapitre IV de la légende.

Le Prince Napoléon serait un membre des 363. Le Prince Napoléon serait un républicain.

Un 363, le Prince Napoléon !... *(Rires)* C'est absolument faux... Et ceux qui disent cela savent bien que c'est faux !... Jamais le Prince Napoléon n'a signé le manifeste républicain des 363, et je défie qui que ce soit de me montrer sa signature au bas de ce document !

La vérité est que le Prince Napoléon a voté contre le coup d'Etat du 16 Mai. (Il a bien fait !)

La vérité est qu'il a toujours été l'ennemi de cette politique ni chien ni loup qui s'appelle la politique conservatrice, qui est pratiquée par une sorte de syndicat à trois têtes et qui n'a jamais été qu'un masque sous lequel se cachaient les projets orléanistes ! (A bas les orléanistes !).

Ce n'est pas nous qui le blâmerons de cette attitude, Messieurs. Car le jour où, seul des anti-républicains, le Prince Napoléon a voté contre le 16 Mai, ce jour-là il a eu raison contre tout le monde. Et, si nos amis l'avaient imité, la République aujourd'hui serait morte et enterrée, notre pauvre Prince Impérial ne serait pas allé se faire assassiner dans le Zoulouland, et il serait depuis quatre ou cinq ans sur le trône. *(Sensation.)*

Avant le 16 Mai, la République était sur la pente qui conduit à l'abîme. Le 16 Mai, réprouvé par le Prince Napoléon, lui réinfusa du sang nouveau et, pour me servir d'une expression triviale, mais énergique et vraie, il lui remit dans le ventre pour plusieurs années d'existence ! (Oui, oui, c'est vrai !)

J'en ai fini avec la légende des calomnies contre le Prince Napoléon. Je n'ai voulu que vous démontrer la mauvaise foi de nos adversaires auteurs de cette légende et déplorer avec vous — car nous le déplorons tous — l'égarement de ceux de nos amis qui ont pris ces mensonges pour argent comptant. (Oui, oui !)

Plus qu'un mot, Messieurs, et ce mot, je le dirai, du moins, en mon nom personnel :

Le Prince Napoléon fût-il républicain, le Prince Napoléon fût-il dépourvu de courage militaire, le Prince Napoléon fût-il un athée ou un impie que, quant à moi, je m'inclinerais encore devant lui comme devant le chef légitime des impérialistes, parce qu'un parti ne peut vivre sans discipline et que la discipline nous commande de ne pas discuter le chef désigné par les Constitutions de l'Empire et sacré par le plébiscite, qui est notre loi à tous. *(Applaudissements prolongés.)*

A ceux qui m'objecteraient que le Prince Napoléon est républicain je répondrais qu'une République ne me déplairait pas qui aurait pour chef un Napoléon. (Oui, oui, bravo !)

Aux royalistes qui m'objecteraient le prétendu manque de courage militaire de notre Prince je répondrais que je n'ai jamais vu, pour ne pas remonter plus haut, ni Charles X, ni Louis XVIII, ni Louis XVI, ni Louis XIV payer de leur personne sur les champs de bataille et que je me souviens fort bien comme la grandeur de ce dernier l'attachait au rivage. (*Rires.*)

Enfin aux mêmes royalistes qui reprocheraient son athéisme et son impiété au Prince Napoléon je répondrais par l'exemple de Louis XVIII..... En 1814, Messieurs, quand l'Empire tomba, avec la France, les Bourbons revinrent occuper le trône... L'héritier présomptif de cette dynastie s'appelait le comte de Provence. C'était un personnage imbu d'un athéisme et d'une impiété auprès desquels l'athéisme et l'impiété que l'on prête bénévolement au Prince Napoléon sont presque de la foi chrétienne. Le comte de Provence était ce que l'on appelle aujourd'hui un voltairien, ce qu'on appelait alors un philosophe, c'est-à-dire un mortel ne croyant ni à Dieu ni à diable!... Les royalistes, pourtant, gens aujourd'hui si chatouilleux pour nos Princes sur l'article religion, le discutèrent-ils, se partagèrent-ils en plusieurs camps? Non. Tous se serrèrent autour de lui avec respect et discipline, les laïques comme les membres du clergé.

Et ils eurent raison, ces royalistes catholiques. Car sous ce prince athée et matérialiste la religion fut protégée comme elle ne l'avait jamais été... Elle le fut même trop, protégée, puisqu'on en arriva à voter et à promulguer en matière religieuse des lois qui étaient un retour de plusieurs siècles en arrière.

Tandis que ce fut Charles X, homme pieux, membre de la congrégation, comme on disait alors, c'est-à-dire jésuite de robe courte, qui en 1829 expulsa de France les jésuites.

Tant il est vrai que les principes sont plus forts que les hommes et que, quelles que soient les antipathies ou les sympathies religieuses d'un Prince, il ne peut, dans un pays profondément catholique comme la France, desservir les intérêts chrétiens confiés à sa garde. (Bravo! *Applaudissements.*)

Je termine, Messieurs :

Certains de nos amis nous ont dit et nous disent

encore que la République ne finira que par un coup de force.

N'en croyez rien. La République finira, et finira pour toujours, par le dégoût qu'elle inspire, et la très grande partie du travail est aujourd'hui faite.

Pas d'imprudence ! Pas de coup de tête !... Laissons faire l'opinion publique !... Le moment psychologique approche à grands pas !... Il est un vice de la Constitution actuelle — Constitution qui, du reste, n'a que des vices, — il est un vice de cette Constitution républicaine...

Plusieurs voix. — Non ! orléaniste !!

M. Ponet. — Il est un vice de cette Constitution orléano-républicaine (*Applaudissements*) qui frappe de plus en plus les regards des populations écœurées : c'est le rôle de porc à l'engrais qui a été fait au président irresponsable de la République....... Avant qu'il soit longtemps, la nation imposera sa volonté sur ce point et dira qu'elle veut un président élu par le suffrage universel direct. (Oui !)

Ce jour-là, Messieurs, vous apparaîtra nettement combien est impolitique la conduite de ceux qui, en dépit des désaveux successifs qui leur ont été infligés, veulent opposer le Prince Victor à son père et réduire celui-ci à néant...

Car enfin, vous le savez, aux termes de la Constitution, le président de la République doit être âgé de quarante ans au moins... Etes-vous d'humeur, Messieurs, à attendre que le Prince Victor ait atteint sa quarantième année (Non, non!) pour lui confier le soin de renverser la République en lui en donnant la présidence?

Eh bien! seul, le président de la République élu peut nous en débarrasser, et pendant plus de vingt ans encore, seul aussi de la famille impériale, le Prince Napoléon est apte à briguer la présidence de la République!... Vous voyez ainsi combien est impolitique la conduite de ces pontifes sans mandat qui ont essayé d'excommunier le chef de notre parti. (*Applaudissements.*)

Ah! je sais ce que l'on dit, chez les républicains surtout: « L'élection d'un Napoléon à la présidence de la République, cela a réussi une fois. Mais on est averti maintenant: cela ne réussira plus!... » J'en demande pardon aux citoyens partisans de la République: c'est précisément parce que cela a réussi une fois que cela réussira encore. Il ne faut pas essayer de nous faire croire qu'en 1848 la nation française a été trompée... Non, elle ne l'a pas été. Quand elle a nommé un Napoléon président de la République, elle savait bien qu'elle votait contre la République. Si elle eût voulu voter pour, les candidats ne lui manquaient pas: elle avait Cavaignac, elle avait Ledru-Rollin, elle avait M. de Lamartine, tous trois candidats vraiment républicains. Mais, en nommant président de la République un Napoléon, elle ne faisait qu'user du moyen constitutionnel à elle offert pour substituer l'Empire à la République. Le premier plébiscite, comme les suivants, eut lieu au cri de *Vive l'Empereur !* Et je parle ici devant un grand nombre de nos amis de la campagne qui ont voulu s'associer aujourd'hui à notre fête (Vivent les ruraux !) Ils ne me démentiront pas quand je leur rappellerai qu'en 1848, dans leurs villages, l'électeur ne demandait pas au distributeur de bulletins un bulletin de Louis-Napoléon, mais bien « un billet de l'Empereur ! » (*Tonnerre d'applaudissements. C'est vrai ! C'est vrai !*)

Ce qui s'est fait en 1848 sur le nom de Louis-Napoléon se refera bientôt sur le nom du Prince Napoléon.

C'est sur ce souhait que je termine, Messieurs !
A la santé du Prince Napoléon !
A la santé du Prince Victor !
A la santé du Prince Louis !
Plusieurs salves d'applaudissements.

M. Ponet reprend ensuite la parole et s'exprime ainsi :

Messieurs, je vous propose de porter la santé de Sa Majesté l'Impératrice Eugénie ! (*Applaudissements unanimes.*)

Ce toast, je ne le porte pas seulement à l'auguste souveraine qui honora par ses vertus les dix-huit ans d'un règne glorieux, je ne le porte pas seulement à la sœur de charité qui parcourait au péril de sa aux uns les secours, aux autres les consolations, je ne le porte pas seulement à l'épouse et à la mère qui a su rester si grande au milieu des effroyables malheurs qui l'ont frappée !... Je le porte encore à la femme généreuse qui, alors que le Prince Napoléon était détenu sous les verroux de la Conciergerie, s'empressa d'accourir auprès de son auguste cousin et d'apporter ainsi, en même temps qu'un témoignage d'inaltérable sympathie, la seule consécration qui manquât encore aux droits que le Prince tient des Constitutions impériales et du plébiscite ! (*Applaudissements.*)

À la santé de l'Impératrice ! (Vive l'Impératrice ! *Applaudissements répétés.*)

www.ingramcontent.com/pod-product-compliance
Lightning Source LLC
Chambersburg PA
CBHW070532050426
42451CB00013B/2981